De bella flor…

...a rica ciruela.

Con cariño a Paul, a Philip y a Lisa

Special
thanks
to
Glenn Keator, Ph.D.
Director of Education
Strybing Arboretum Society
San Francisco, California

The Reason for a Flower / La razón de ser de una flor

Copyright © 1983 by Ruth Heller.
Spanish translation copyright © 1993 by Scholastic Inc.
All rights reserved. Published by Scholastic Inc., 730 Broadway,
New York, NY 10003, by arrangement with G.P. Putnam's Sons,
a division of the Putnam & Grosset Book Group.
Printed in the U.S.A.
ISBN 0-590-46830-8
3 4 5 6 7 8 9 10   23   00 99 98 97

LA, RAZÓN DE SER DE UNA FLOR

Texto e ilustraciones de
RUTH HELLER

SCHOLASTIC INC.
New York   Toronto   London   Auckland   Sydney

Los pájaros,
las abejas

y todos
estos animales,

y también los
que vemos
aquí,
beben
el NÉCTAR
de las
FLORES.

Y mientras buscan
más y más néctar,
se llevan
el POLEN
de la flor
de la cual han
bebido...

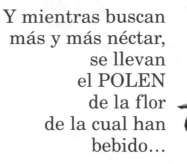

a la
flor que
van a
explorar.

A veces, el POLEN
vuela
con
la brisa,

sin
la
ayuda
de
los
pajaritos
ni
de
las
abejas,
y nos
hace
estornudar.

De las ANTERAS de un ESTAMBRE

al ESTIGMA de un ESTILO

viajan
los
granitos
de
POLEN
y se
paran ahí
un
ratito.

Así,
pronto
verás
la
razón

de ser de cada FLOR,

¡y de cada hierba!

La razón
de ser
de
una
FLOR
es producir…

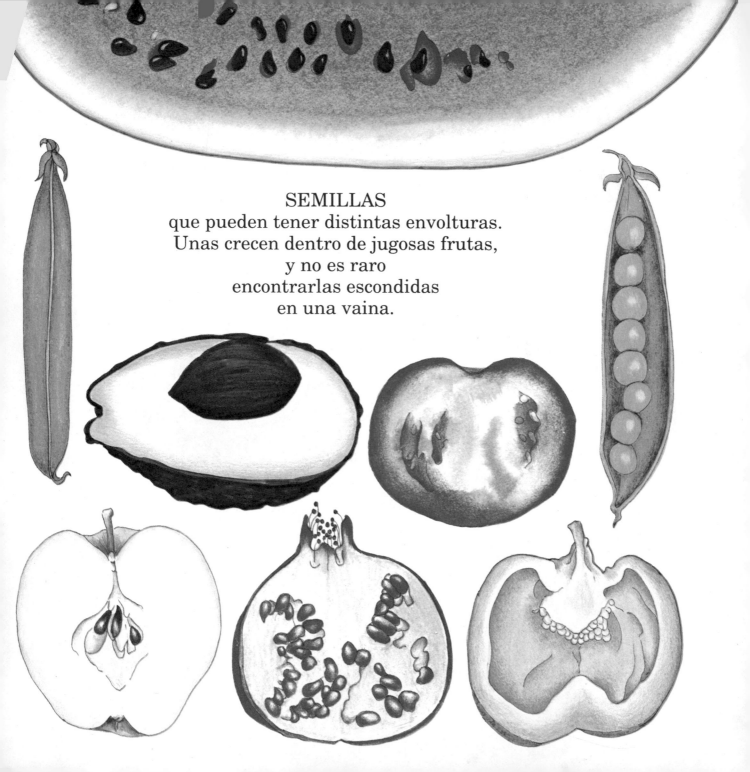

SEMILLAS
que pueden tener distintas envolturas.
Unas crecen dentro de jugosas frutas,
y no es raro
encontrarlas escondidas
en una vaina.

La semilla más grande
de todas es el COCO.

Las SEMILLAS viajan muy lejos.

Incluso se suben a una bicicleta o a un zapato.

Las ardillas las esconden y se les olvida dónde.

Otras tienen
como ganchitos
y se agarran
a la piel
de cualquier
animalito.

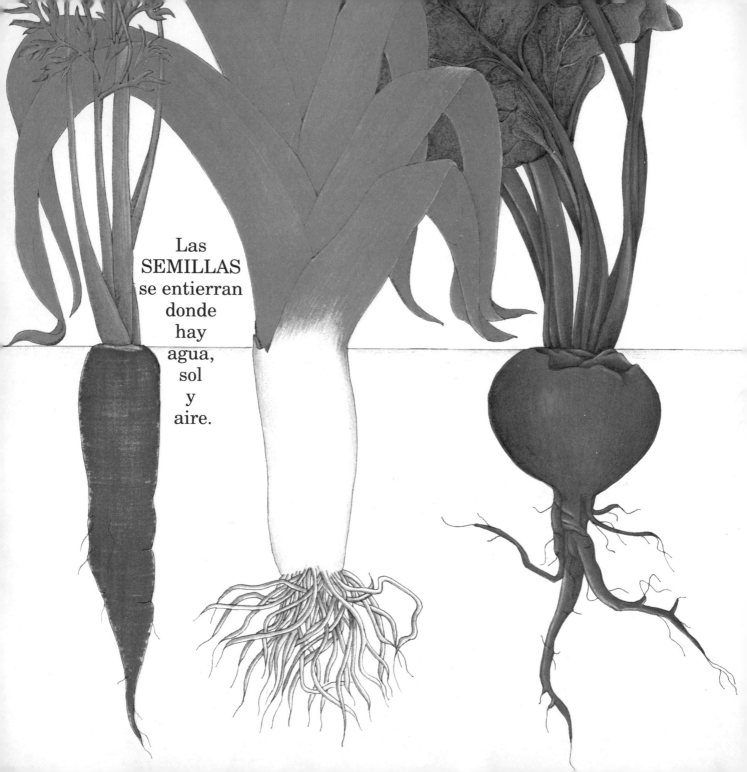

Las
SEMILLAS
se entierran
donde
hay
agua,
sol
y
aire.

Entonces
les crecen
las raíces,
los tallos
y
las hojas.

Unas
SEMILLAS
llegan

a ser
ÁRBOLES.

Éstas
crecen
en
terreno
seco

De las ANTERAS de un ESTAMBRE

sin
la
ayuda
de
los
pajaritos
ni
de
las
abejas,
y nos
hace
estornudar.

y éstas en terreno húmedo.

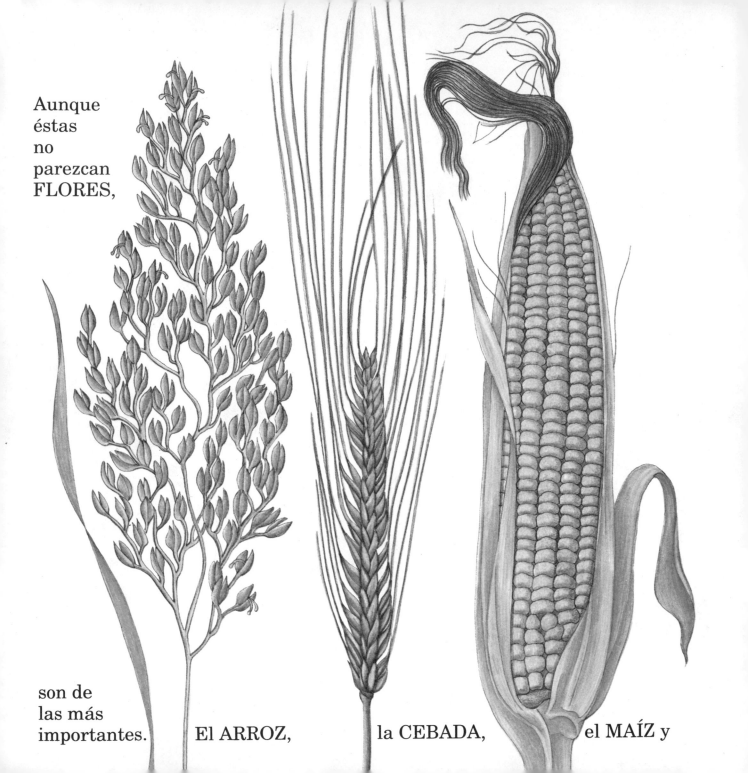

Aunque
éstas
no
parezcan
FLORES,

son de
las más
importantes.　　EL ARROZ,　　la CEBADA,　　el MAÍZ y

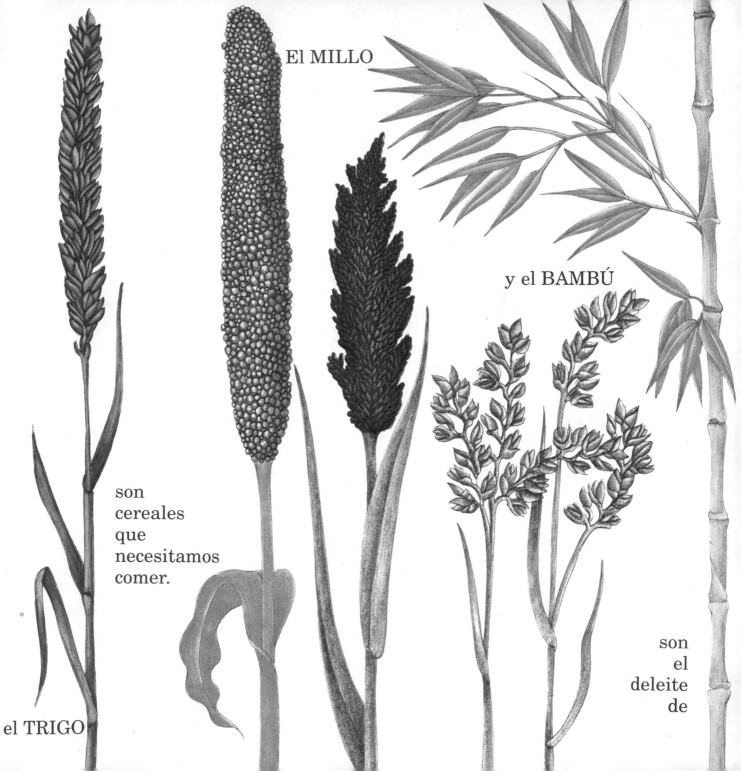

El MILLO

y el BAMBÚ

son
cereales
que
necesitamos
comer.

son
el
deleite
de

el TRIGO

los animales
que no comen carne.

Se llaman
HER · BÍ · VO · ROS.

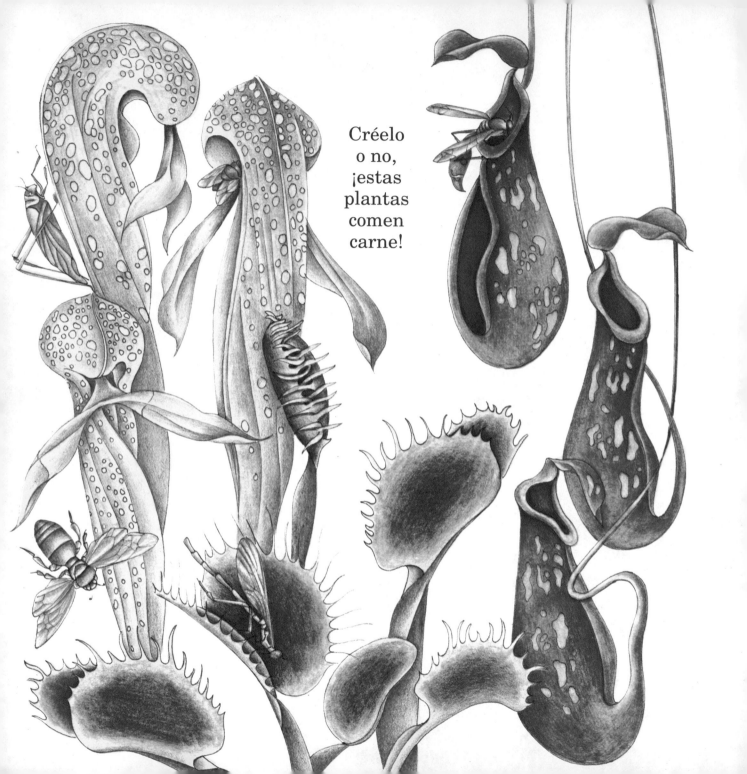

Créelo
o no,
¡estas
plantas
comen
carne!

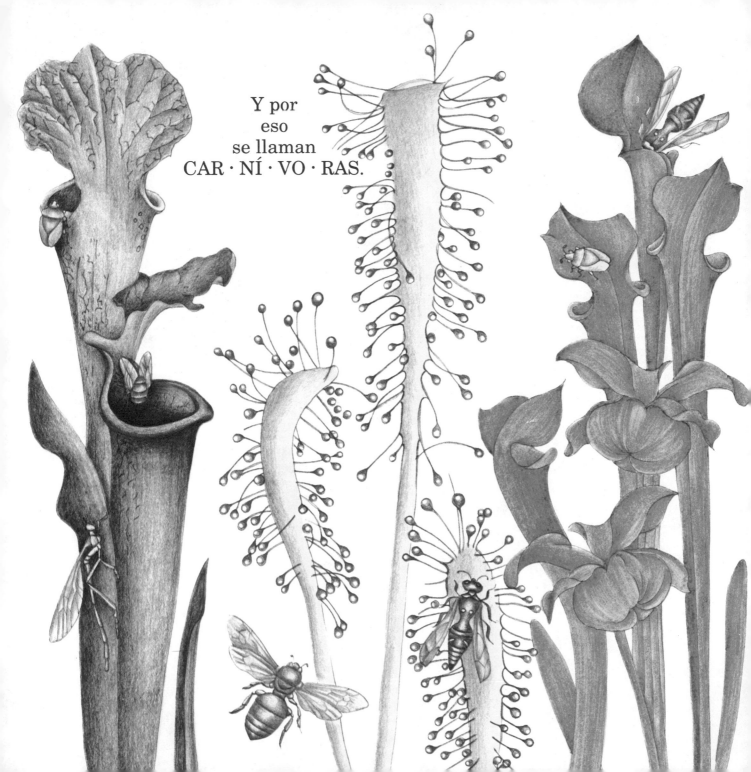

Y por
eso
se llaman
CAR · NÍ · VO · RAS.

La FLOR
más grande
que
se ha
encontrado
crece
en la
selva,
cerca del
suelo.

Es una
PARÁSITA
que se
pega
a las raíces
de los
árboles
que la
alimentan.
Mide casi
un metro
de ancho,
pesa 15 libras
y despide
muy mal olor.

Se llama RAFLESIA.

Pero he
aquí
una
FLOR
famosa
por su
perfume.

Se llama MAGNOLIA
y los
científicos aseguran
que es de una
familia
prehistórica.

Papel

Madera

Paja

Caramelos

Café

Té

Todas
las
FLORES
son
AN · GIOS · PER · MAS,
que es una
antigua
palabra
griega.

He
aquí
algunos
productos
de los
muchos
que se
hacen
de las
flores:

Algodón

Cuerda

Caucho

Corcho

Perfume

Pasta

Medicinas

Palomitas de maíz

Chocolate

Pan

Las
plantas
que no
dan
flores
también
son
fascinantes.

De bella flor…

...a rica ciruela.